人行道

聖嚴法師——著

PATH
of PRACTICE

自序

這本小書，是我近一年來，意外的收穫。

原是由鄧美玲女士為我先設定題目，再逐條採訪，筆錄成稿，發表於《自由時報》副刊為我開闢的專欄「人行道」。因為她自己就是一位作家，為我錄寫的文字，也相當清麗流暢。

這個專欄，刊出二十八篇之後，便停止了。倒不是因為不受讀者歡迎，乃由於鄧女士接下了一家日報副刊的主編，工作繁忙，無法兼顧了。

法鼓文化出版部門的編輯小組，覺得它的總字數太少，尚不夠印出一本書來，如果不集成書，時間一久，恐怕就此散失了，也很可惜。所以著手從《人生》月刊中找到我為企業界人士演講及問答的幾篇記錄稿，分段抽出，改寫成十三個短篇，加起來便完成了出版本書的計畫。

本書的文字分量雖輕，它的價值還是有的。它為現代環境中的現代人，從日常生活的個人、家庭、婚姻、事業、工作、疾病，乃至政治、宗教、以及人際關係等所面臨的問題，提出了四十一個知性與感性並呈的答案，供給你做困惑時的參考。

這本小書中，沒有用艱深難懂的佛學名詞，向你傳播宗教信仰，但它確是將佛法的智慧和慈悲，化作大家都能接受的朋友了。

一九九八年十一月十八日聖嚴自序於美國紐約東初禪寺

目錄

2 十字街頭好參禪

1

起心動念
皆修行

覺察自己的偏執

人生在世，總有許多煩惱。佛法的根本精神就是要教人斷除煩惱，怎麼做呢？方法很多。當我們追究煩惱的根源時，會發現有一種煩惱，是來自於自己主觀的立場，不能得到外在環境或周圍的人認同。每一個人都希望得到別人接納，甚至能控制別人；卻很少有人會心甘情願接受別人的意見，更甭提受到別人的控制了。如此，人與人、人與環境之間的衝突、矛盾就來了。

有一對恩愛夫妻，在結婚多年以後，還是離婚了。辦離婚手續時，兩個人都很難過，連他們自己都想不通：明明兩個人感情很好，怎麼可能走到這一步呢？原來這位太太弱不禁風，大熱天裡也受不了一點點風，不能吹冷氣、不能吹電扇，連窗戶都不能開；偏偏這位先生最怕熱，沒有冷氣睡不著。所以，這對雖然恩愛卻無法相處的夫妻，最後只好分道揚鑣。這是人生的悲劇，不過，這也是人生的常態。

佛陀在楞嚴會上對大眾說法時，曾經舉起自己的手來問阿難說：「阿難！你看我的手是正的還是倒的？」阿難自恃多聞，被佛陀連番訓斥幾次之後，再也不敢逞強，只得含糊應答說：「世間一般人都認為手指向下就是倒；我也不知道究竟如何為正？如何為倒？」佛陀就說了：「手臂就是手臂，哪有一定的正或倒？只是世間的人一定要執著上豎為正，下垂為倒，這是執迷不悟的看法。」

所以，以佛的眼光來看，世間所見的許多價值標準，都是人的執著妄想，是非善惡，本來沒有絕對的標準。一個人從某個角度看是大壞蛋，可是從另一個角度來看，也可能是個大好人。這些標準都是人訂出來的，未必放諸四海而皆準。我們如果不能覺察自己的偏執，就會被自己的好惡所蒙蔽，也就會理直氣壯地拿著自己所執著的價值標準，去衡量外在環境。合乎自己的標準，就起了貪愛心，不合標準，就起了厭惡心，這個分別心，就是煩惱的根源。其實，外在的境界根本是一樣的，就像佛陀的手臂，非正非倒；可是，不同的人來看，就有不同的評價和反應。我們若能時時反省自己的偏執，在待人處事上，就會比較圓融了。

有一個媽媽告訴我，她的孩子在學校跟人家打架了，結果老師重重地處罰她的孩子，另一個打群架的同學因為功課好，逃過了處罰。老師不問青紅皂白，就責怪她的孩子把人家好學生給帶壞了，其實真正帶頭打架的是那個成績好的學生。大家看！明明同樣犯錯，成績好就沒事，成績差就該罰，老師把成績好壞當作衡量品德的標準，在我們看來是很明顯的錯誤，可是那位老師卻渾然不覺。事實上，很多時候我們就是這樣，對自己的錯誤渾然不知。

因此，佛法教導我們時時觀察自己微細的念頭，不要被自己蒙蔽，不論外在的境界如何變化，情緒都不會受到牽動，那麼，就可以斷除煩惱了。

煩惱如霧起雲生

我們所處的世界，都是自己所體驗到的世界，未必別人也有相同的體驗。所以，公說公有理，婆說婆有理，如果各執己見，誰也不肯退讓，那就永遠相持不下了。許多衝突、糾紛，就是這麼來的。我們必須明瞭，自我主觀的喜好，就是一種分別心，有了分別心，就有執著，煩惱就跟著來了。仔細推想，這些煩惱都不是從環境而來，完全是自己招來惹來的。就像雲霧雨露都從地面生起，而雲層之上的藍天，不受地面氣候變化所干擾，恆常是湛藍的；我們的清淨智慧慈悲心，就跟藍天一樣，而我們對外在環境現象所產生的分別心、瞋恨心，就像地面生起的雲霧一樣，蒙蔽了我們本有的清淨智慧心。

從一般人的常識來看，好像所有煩惱、不順利，都是別人造成的。就好像有一個人走在路上，好端端地就被人家開車撞傷了，真倒楣！是不是？可是，大家有沒有想過？被撞倒了，身體已經受傷了，倘若還怨天尤人，惹了一堆煩惱來折磨自己，這下連心理都受傷了，那不是更倒楣了嗎？所以，佛法教我們斷除煩惱的方法，就是教我們不要受環境變化所影響。無緣無故被撞傷了，趕快去看醫生，還要趕快去報警。報警的目的並不是為了報復，是基於慈悲心；那個人犯了錯，應當受法律制裁，不能讓他逃走，免得他知錯不改，下次還去撞別人，而且他自己早晚也一定會受到傷害。如此處置，雖然身體受傷了，但是心中沒有仇恨怨懟，心理沒有受傷，煩惱不起，這個無妄之災就微不足道了。

很多人都說，我是好人，為什麼我還要遭受這麼多的苦難？我們要知道，有物質之身就有果報、就有障礙，如同有大地山川，就有風雨雲霧。大修行者也要受果報的，佛陀曾遭大石塊擊傷，也曾罹患重病。但是果報和障礙未必會招來煩惱，大修行者跟凡夫的差異就在於此。很多人跟我抱怨，說自己吃素念佛、熱心助人，家裡還是照樣發生不幸的事故，於是就認為吃素、念佛、做善事都沒有用。凡夫被自身的遭遇所苦，信心就會退轉；大修行者可以放下自我，不被煩惱所障。我們學佛，就是要學習佛的智慧，清楚辨知煩惱的緣起，面對它、接受它、處理它、放下它。佛法很容易，說來說去都是這些道理，只要老老實實去做就行了。

永恆的福德智慧

雖然從佛法的智慧來看，世間的一切，包括妻子舍宅，都是暫時的擁有、虛幻的依靠；但是，做為凡夫，我們還是不得不有所追求、有所依託。暫時的依託，總比一無所託來得好，而且，世俗生活的平凡希望，可以刺激人們心甘情願努力向上，否則生活之中便失去了誘因和動力。

這就好比一個即將沉溺的人，在茫茫大海上，遠遠望見一根浮草，在波光反照之下，彷彿是一艘船，奮力上前之後，才發現事實真相。即便如此，求生的希望激發你不斷地努力，還是有無限生機；如果一開始就放棄希望，就只能坐以待斃了。

所以，對一般凡人而言，希望是一個美麗的幻影。人們努力追求，到手之後，才發現那只是夢幻泡影；有些人就此醒悟，有人還是繼續追求下面一個泡影。人的一生，就在追求、幻滅與醒悟之間，探尋宗教的意義。因此，佛法並不反對人們追求各種成就。只是，從古到今，人們不論是留下輝煌燦爛的創造發明，或是坎坷悽慘的遭遇，都只是一段人生的記錄，並沒有絕對的「好」或「不好」的差別。

佛法的智慧在於提醒人們，世俗的成就只是入世、化世的媒介或橋樑，如果執幻為真，不顧一切拚命向前，只有落到力竭身亡而一無所獲的地步。所以，「隨順一切相而離一切相」，努力建設人生而不沉溺於成就之中，不必患得患失，更不用因此而害人害己。社會上有這層體會的人多了，世間的爭執傾軋諸多煩惱，就可以減少許多；我們也才能調整努力的方向，用虛幻的人生，藉假修真，為大眾多謀福祉，為自己創造遠景，這才是真實而永恆的福德智慧。

隨相而離相

我們生活在這個世界上，在每一天的作息之中，一定會跟身邊的人、事、物發生互動關係。有了互動，就免不了生出各種喜、怒、哀、樂的情緒；得意的時候，沾沾自喜；失意的時候，就消沉頹喪，這是一般人的反應。可是，如果我們有智慧，可以洞燭這些喜、怒、哀、樂的來源，不過是一種粗糙的、表面的心理反應，我們的情緒，就不容易被這些外在的現象所牽動。

佛法的智慧告訴我們，當在處理生活上各種大大小小的事件時，只要自問已盡力排除個人的好惡偏見，並且也已經盡一切努力，做最適當的選擇，就可以心安理得了。至於選擇之後的成敗得失，不必耿耿於懷，這就是所謂的「隨相而離相」。

我之所以特別強調「盡力排除個人的好惡偏見」，是因為一般人很容易以自己的立場、好惡，來對某件事下判斷；因此，不免在取捨、應對之間，引起許多煩惱。依自己的偏好和習性做判斷，往往是一股衝動，缺乏反觀自省的工夫，通常也顧不了是不是有後遺症，當然就後患無窮了。

因此，做事之前，先要求「盡人事」，就是隨相，也就是隨緣，已經盡了力，成敗在天，勝不驕，敗不餒；也不爭功諉過，那就是「離相」。船過水無痕、鳥飛不留影，成敗得失都不會引起心情的波動，那就是自在解脫的大智慧。所以，隨相需要智慧，離相，也需要智慧。

不過，這個修養的境界，不是短時間之內可以達到的；一般平常的人，多半還是隨著外在的環境而悲喜交加。倘若能把隨相離相當作修養的目標，就可以時時拿來提醒自己。那麼，不論悲或喜，都不會太過沉溺，縱使跌倒了，也會趕快爬起來，不至於一蹶不振。

多聞與所知障

凡人多半眼高手低，能說不能做。聰明人和知識分子尤其是這樣。這些人讀書讀得多，有機會認識很多人的思想見解，加上天生聰明，能舉一反三，可以說得比別人更好。但是，檢查他們的行為，往往說的是一套，做的又是一套。他們雖然很肯定宗教對社會人心的教化意義，但是他們自己並不信教。他們覺得宗教是一種社會現象，也只是一種心理現象。

但是對社會各階層的大部分人來說，宗教可以撫慰人心、安定社會，所以是很好的教化工具。而他們認為自己有一套足以安身立命的道德標準，不需要宗教的引導與支持。這種現象可說就是「所知障」或「知見障」。

「所知障」是被自己原來的知識學問蒙蔽，產生先入為主的觀念，然後，以這個觀念的框架來批評、否定宗教，妨礙了宗教信仰的道德實踐和內心的體驗。他們自認為是站在純客觀立場，其實，局內人可能不客觀，而局外人不明就裡的評論，也未必就能客觀。怕就怕所知不多而自以為無所不知。不但對他自己形成了障礙，也可能誤導他人而成為信仰宗教的障礙。

一般來說，學文科的中國知識分子，比較傾向於無宗教的立場，似乎接受人文主義思想的人，就容易認為宗教信仰與現實人生並不契合，尤其對於佛教會有若干偏見。比較起來，學理工科學的除了堅持唯物史觀的人，反而容易接受宗教；所以，也不可說學問好的人就有所知障，就像許多博覽群書的人，依舊會選擇一種宗教來做終身的依歸。近年來，像這樣的風氣，不論在國內或國外，知識分子信佛學佛，已經愈來愈多了。

《楞嚴經》裡面有一段阿難尊者的自述之詞：「雖有多聞，若不修行，與不聞等；如人說食，終不能飽。」阿難是眾多弟子當中學問最好的一位，但是他發覺自己對佛法只停留在「了解」的層面，還不能從實際的生活中，真正體驗到佛法的妙用。佛陀時常讚美阿難是多聞第一，所以，多聞也是值得嘉獎的。

但是，多聞還要實踐，要經驗所知的內容，可是一般的人只停留在「知」與「解」的層次，就像考古學者考察古代文物，但不會成為古人。所以，要享受佛法的好處，還是得確確實實照著佛的遺教，去做實修實證的工夫。做一分，就有一分體驗；不然，在修行的成就上，佛學博士還未必比得上目不識丁的人呢！

無念不是斷念

許多人自以為懂得佛法，就拿著一知半解的常識，任意理解佛法。我最近就聽到一種很奇怪的說法，說：「佛法教人『斷念』，遇到煩惱的時候，丟開它，不去想，煩惱就沒有了。」其實佛法裡根本沒有「斷念」這個名詞，我只聽說「心行處滅，言語道斷」的名句，此在佛法裡說的是「無念」。所謂「無念」，是沒有妄念，沒有煩惱心，也就是「心無所住」。看到了只是看到，聽到了只是聽到，而不產生好惡。因為心裡有了好惡的分別，就會有執著，喜愛的就想占有，討厭的就會排斥，患得患失，煩惱就來了。

所以，用「斷念」來對付煩惱，那是什麼都不想，讓腦筋暫時休息一下，對想得很累的人來說大概有效，但絕非解決煩惱的根本之道。真要斷煩惱，是要面對它、接受它、處理它、放下它，而不是逃避它。

有一位詩人說：「如果生命只是一杯清水，我寧可它是一杯苦酒。」這種想法以佛法的立場來看，是相當消極悲觀的。很多人以為佛法是一種遁世的思想，跟魏晉時期竹林七賢的隱遁思想混為一談。其實，那種思想不是真正的佛法。當然，現在也有些佛教徒以為長時間打坐、讓心安靜下來，就是修行，如果是這樣想，就很容易產生厭世思想，也很容易出家。但是，佛法其實是最積極入世的。《六祖壇經》說：「佛法在世間，不離世間覺。」《維摩經》裡也說：「譬如高原陸地，不生蓮華；卑濕淤泥，乃生此華。」即蓮花是出於汙泥而不出於高山，在眾生煩惱之間做因緣觀想，清清楚楚地了解世間一切現象都是幻化，當下即空，所以，不會起煩惱。

不過，這些道理很多人都明白，但是不會用。佛法難聞，佛法難行，倒不是佛法深奧難懂，而是一般人即使聽到了，也當它只是能說不能行的理論。其實佛法很簡單，說來說去只有幾句話，貴在能確實地做。我從小就覺得佛法很好用，所以一心弘法，信心堅定。

何謂修行？

很多人以為吃素念經、禮佛拜懺、做慈善工作，甚至修神通、修到有未卜先知的能力，或是把身上的氣脈打通了，就叫作修行。其實，所謂修行，簡單地說，就是修正自己身體、語言、行為的偏差，通過任何方法而達成這個目的，就是修行。所以，上述如誦經拜懺、吃素禮佛，這些作法的確可以讓我們得到身心的平靜安定，因此，它也是修行的方法之一，但不是修行的目的，這要弄清楚才行。至於修神通，佛教主張因緣果報，一切的一切皆緣於過去生中的業力牽引，而有現前的受報，未來的出路，也要靠著各自本身的努力才會慢慢好轉，單憑神通是無濟於事的。

很多人梵唄唱得很好，誦經持咒都很熟練，這樣固然很好，但這只是修行的入門工夫。所謂：「誦經不如解經，解經不如行經。」經典教導我們修行的方法，知道方法、熟悉方法，還要一步一步確實地去做，才能得到修行的利益；如果在日常生活、工作之間，還是跟以前一樣，動不動就怨天尤人、牢騷滿腹，那表示吃素誦經只做了表面工夫，對於修正自己的習氣、行為和觀念都沒有絲毫的益處。

我們要轉變行為和觀念，就是把貪、瞋、癡、慢、疑這些毛病改正過來。與人相處的時候，除了要用慈悲心，包容、寬恕別人的錯誤；同時，還要發揮自己的聰明才智，將成果奉獻給眾人，隨時隨地能運用理性和智慧，解決各種煩惱。所以，一個修行深厚的人，非但對自己有利益，他的行為舉止也一定能嘉惠他人。

曾經有一位太太來向我求助，她的先生吃、喝、嫖、賭樣樣來，一回家就把家裡搞得雞飛狗跳，連小孩子都怕看到爸爸回來。我問她想不想離婚？她說她希望還有機會挽回婚姻和家庭。我建議她至心誠懇地念二十萬遍〈準提咒〉，可能會有轉機。結果，她的先生還是和往常一樣，一點也沒變，反倒是她改變了。她說，誦二十萬遍〈準提咒〉之後，讓她的心安定下來，心一安定，慈悲心和智慧心就像泉水一樣湧出來了。她不再整天埋怨先生，也不怨嘆自己命運不好、遇人不淑；她全心全意撫養三個孩子，還教導孩子要同情爸爸的不知悔改、愚癡可憐。因此，她的先生每次喝得醉醺醺回來，她跟孩子不再躲得遠遠的，也不吵架，他們噓寒問暖、發自心底地關心他。漸漸地，她的先生回來也不好意思吵鬧了，家裡的氣氛也就慢慢改善了。

所以，修行就是徹底改變自己的習氣，讓自己做一個有理性、有智慧的人。改變自己面對環境的心態，那麼，再惡劣的環境都可以泰然處之；這樣不但可以讓自己身心安樂，也可以幫助身邊的人開發內在智慧，得到身心安樂。這就是修行。

你的身體不是你的嗎？

有一次我們在舉辦禪七，有一位比丘在經行時，大家都在慢慢地走，就是他一動也不動，樣子還很滑稽，像個木雕偶像似的。我走過去看他，他的眼睛在動；我看他，他也看我。我問他：「你入定了嗎？」他說：「我不能講話。」這不是有點奇怪嗎？明明在講話還說不能講話，我說：「你這不是在說話嗎？」他說：「我不能動。」我說：「你的嘴巴不是在動嗎？」他說：「身體不能動了，我覺得它不是我，我不是身體。我現在是個自由人，身體管不了我，我也不管身體了。」

這是一個錯覺，不是身體不受他管，是他的心故意不管他自己的身體。他以為身體和心分開了，其實他的身心並沒有分離。很多人即使不在修行活動中，也有這樣的經驗，好像身體不受心的指揮，不聽心的使喚，似乎身心脫節，各行其是。如果你有這樣的幻覺，就表示你的修行工夫中有了錯覺。因為修行的功能，就是要使身心合一，隨時隨地提得起、放得下。身體有病痛的時候，心還是自在的，病痛不會成為困擾。這不叫作身心分離，是身體接受心的影響和指揮、身心一致，心要身體怎麼樣，它就怎麼樣。所以，有些大修行人，能夠自由自在地使身體產生各種功能變化，那就是身隨心用。

我沒有神通，我的修行工夫也不好，但是，我常常在身體非常疲倦、非常虛弱乃至有病的時候，照樣能夠說法開示或接待訪客。等到講經結束、客人離去，我就需要馬上躺下來，身體好像沒了骨頭似的。等到下一樁事情來了，又能立刻起來。這個力量是什麼？是心的力量！這種力量，每一個人都可以透過修行練習起來，我沒有多大的功力而能夠做到，相信每一個普通人，只要練習，也可練起來的。

我想大家都能相信貌由心生，相依心變的道理，一個人可以從內在氣質的提昇，改變外在的體態和相貌；因此，一個清心寡欲、持戒嚴謹、有慈悲心的修行人，他的體態和相貌，便跟著氣質的淨化而變化，讓人一見到他時，就心生歡喜。

所以，當你發覺到你的身體不聽心的話，而有心不由己的情況時，不管無法駕馭或不受指揮，那不是真自在，若不是放任，便是錯覺，應該小心分辨。

個人業報個人消

我常常想，現在這個社會真是不可思議，什麼事都講究快速，連修行也不例外。很多人都以為找到一位大師，有一套祕方，就可以立即成佛。哪有這麼便宜的事呢？當然，也不能怪大家有這樣的想法，我們在《楞嚴經》裡面，也看到佛陀的大弟子阿難，在佛前懺悔說，他以為跟在佛陀身邊，佛陀就會在一個最恰當的時機，賜給他解脫生死的智慧。結果到頭來，佛陀還是得苦口婆心、循循善誘，指點他解脫之道，讓他自己找到清淨的智慧心，靠自己的覺悟來了脫生死。

所謂「個人生死個人了，個人業報個人消」。就是說每一個人的生死煩惱，都要靠自己從修行中獲得解脫，即使親如父母兄弟，也不能代替；就像吃飯一樣，自己吃，自己飽，誰也不能幫誰吃飯。不過，大家也許要質疑了，我們常說做功德迴向給自己的親戚朋友，豈不矛盾？其實不矛盾，比方說家屬過世了，我們幫他助念，那是因為亡者的神識還在，我們念佛，他聽見了，也跟著我們一起念佛，所以對他有幫助。

也有人因為親友遭到困厄，希望幫他消業，就去拜懺，這有用嗎？當然有用。不過要當事人願意相信，功效才大，否則，效力是很小很小的。當然，拜懺之所以有效，並不是說我們懺悔了，自己的果報、罪業，就可以推給佛菩薩而一筆勾銷。佛菩薩是無法代人受報的，只能幫我們做擔保，保證我們積欠的債務將來會慢慢償還，讓我們先暫時度過難關，眼前不那麼痛苦。

我們還聽過「一子出家，九族超生」的說法。其實，還是指出家之後，可以用種種方式超度祖先，請他們一起來聽聞佛法，參加共修活動，因而得到佛法的利益。就像釋迦牟尼佛成道後，到忉利天為母親的亡靈說法，也回到王宮為父親說法，使他們得到解脫。像釋迦牟尼佛這樣神通廣大，尚且不能代父母消除業障，只能引導父母修行，何況我們這些凡夫俗子呢？

所以，我們無法代任何人受報，也沒有任何人可以代替我們受報。我們得靠自己一步一腳印，點點滴滴地努力，在生活中修行，才最可靠，才能得到真正的解脫。很多人求速成，以為修行也可以走捷徑，難怪愈來愈多自封為老師的人，自稱能幫人家開悟，在很短的時間內幫人家達到成佛的目的。如果以正信的佛法來說，那準是自欺欺人，可別上當啊！

守戒律與不執著

一休和尚喝酒吃肉，濟公和尚也是這樣一位富有傳奇色彩的出家人。這兩個故事，讓很多人以為，既然佛法教人無所執著、心中無所罣礙，那麼，真正悟道的高僧，即便是不拘小節、放浪形骸，也不影響他的修行成就。事實上把這兩人的經歷當作故事來看，的確精彩動人，可是做為一位高僧來看，則不足為訓。要知道佛是大覺悟、大解脫者，可是他嚴守戒律，並未放逸。在釋迦牟尼佛時，只有六群比丘在證得阿羅漢果之前，因為狂放不羈，佛就訂下了一條又一條的戒律來約束他們的行為。

從印度、中國、西藏到日本，高僧都是守紀律的，像一休、濟公這樣的和尚是絕無僅有的特例。有智慧並不一定等於行為不檢。我知道現在在臺灣就有些門派，公開喝酒吃肉，男女關係也很隨便，還自認是已經證了三果、四果的聖人，像這種行為，我們傳統佛教是無法認可的。但是，社會上一般人很容易被他們吸引，傳統佛教就被認為是綁手綁腳的守舊派。

其實，綁手綁腳的嚴守戒律還是比較安全的。大概在八〇年代左右，美國有許多自認為解脫自在的禪師及上師，亂搞男女關係及同性戀，剛開始還受若干美國青年歡迎，可是後來這些宗教師都因為耽溺於醇酒美人，或是因為金錢、同性戀的關係搞不清楚，出現層出不窮的問題，一個一個都被逐出道場，從此一蹶不振。結果那一陣子，美國佛教界的元氣大傷，連印度教與西藏系統的佛教，都受到波及。

一休和濟公其實也沒有像那些禪師這樣放蕩。濟公喝酒但絕對沒吃狗肉，更何況他也不沾女色。社會上很多人執佛法一端，而妄加揣測，就以為那是佛法的真精神，所以大家要小心辨別。佛教是入世化世而淨化社會，積極參與社會的高級宗教之一，世間所有的名利財色，我們宗教徒不但不能沾染，還要積極奉獻社會，這才是佛教的真面貌。

何謂菩薩行？

要了解什麼是「菩薩行」，就得先弄清楚什麼是「菩薩」？我們看到經典的記載，菩薩沒有一定的身分；釋迦牟尼佛成道之前，曾為出家比丘、國王、王子、居士乃至鹿、牛、象、鵝等動物，都被稱為成佛的因行，也就是修行菩薩道的階段；觀世音菩薩與地藏王菩薩等諸大菩薩也是如此，他們以種種身分和形相，在世間救苦救難，當眾生需要什麼樣的菩薩，他們就以那種形相，出現在他們四周和中間。

因此，菩薩不是高高在上的「神」，而是常以凡夫的形相，在世間隨緣化眾的修行者。所以，「菩薩」主要是發了菩提心的眾生，而不拘於特定的形相，凡能已發「願斷一切惡，願修一切善，願度一切眾生」的菩提心者，便會誓願學習慈悲與智慧的菩薩行。以此可知，人人都可以成為現在的菩薩、未來的佛。

把「止惡、修善、度眾生」的菩薩行，具體落實在生活裡，就是一套與他人、與自己相處的方法。也就是說，在與別人相處的時候，常起尊重、感恩、讚歎、奉獻的慈悲心；與自己相處時，則常生起慚愧、懺悔的精進心和清淨心，你就是修學菩薩行的初發心菩薩。

特別要強調的是，慚愧不等於自卑，懺悔不等於後悔。我們在檢視自己的心念和行為時，如果對當做而沒有做的事感到慚愧，就會激勵出下次努力去做的決心；對於不當犯而犯，甚至一犯再犯的錯誤，若能心生懺悔，一方面可以懸崖勒馬，及時改過，一方面也可以勇於承擔後果，不會狡辯諉過、推卸責任。因此，慚愧的心、懺悔的心，是積極的自勉自省的行為，跟自慚形穢、自以為處處不如人，或是不斷犯錯又不斷後悔，是絕對不相同的。

還有一點要強調的是，我們這些發了菩薩願的凡夫，是初發心的「嬰兒菩薩」。嬰兒，本來就是要在跌跌撞撞，倒了再起，起了再倒之間，慢慢學習、漸漸成長。所以，不要怕犯錯，更不要怕能力不夠；只要方向確立，心意已定，一日比一日更進步，就一定有成就圓滿的一天。要知道，初發心難，維繫住不變不退的長遠心更難，一曝十寒的人太多太多了，能夠持之以恆，才能實踐菩薩精神。

信心不退轉

很多人在參加法會的時候，一唱到發願文或〈懺悔偈〉，就忍不住落下淚來。這是因為在共修的場合，大眾修行所產生的氣氛、情境，或是發願文的內容，讓人受到感動。這是感動自己有幸能發這麼大的願，也是因為感受到佛菩薩的慈悲偉大而感動。這種情緒並沒有經過理性的思考，有些人淚流滿面，心中卻很平靜，隨著學佛的時日久了，或是經過冷靜思考過後，這種情況便會消失。

也不只是發願文或〈懺悔偈〉有這樣的感發力量，有些人在共修活動中，只要聽到梵唄的韻律，就會受到感動。這種現象，外表看是流眼淚，但那是平和、喜悅的感受，而不是悲傷。會有這種反應，大致來說，都算是有善根的人。在剛開始學佛的時候，幾個月、甚至幾年之間，會有這種反應是好現象。有時候自己在家修行也會如此，這是很正常的，不必太在乎它。

在佛菩薩面前，覺得自己渺小而脆弱，這是很自然的現象，有了這種慚愧之心，才可以激勵自己不斷努力。明知道自己渺小，做不到那麼大的善行，但還是要不斷地發大弘願，一時間做不到是很正常的，能夠不斷地發願，就有一個努力的目標和方向，可以砥礪自己再接再厲。

凡夫的根性容易怠惰，我們都是凡夫，但是有向佛及菩薩學習的心，就要時時勉勵自己，懈怠了就要急起直追。有些人發願發多了，可是都做不到，最後連發願都不願意了，那就是自暴自棄，很可惜。

佛菩薩做擔保人

懺悔有兩種功能：一個是覺察自己的錯誤，改過遷善，不再重蹈覆轍；一個是好漢做事好漢當，心平氣和，勇敢承擔一切責任。

人心很粗，善忘多忘，對自己的所作所為，尤其是錯誤的、醜陋的、不檢點的事，忘得特別快。所以，我們佛教徒要提醒大家時時懺悔，懺悔什麼呢？懺悔那些已經忘記的、還未忘記的、已經覺察到的、還未覺察到的過錯。縱使經過了千秋萬世長時間累積下來的過失，我們也要一併懺悔，歡喜承擔應負的責任。

很多人會大言不慚地說：「我的行事作為坦蕩蕩，仰不愧於天，俯不怍於地，沒有什麼好懺悔的。」世間固然有許多行事正當、舉止磊落的君子；但是，拋開不可考的過去世不談，就在眼前當下起心動念間，我們不也經常在不知不覺間，犯下許多錯誤？因為，我們的習性裡潛伏著貪、瞋、癡、慢、疑等等病根，一不留心，就會表現在言語行為上，不僅傷害了身邊的人，也傷害了自己。

就像很多父母，自以為所作所為都是愛孩子，結果往往愛之適足以害之而不自知。歷史上也有許多擇「善」固執的例子，固執於自以為是的「善行」上，順我者昌，逆我者亡，施暴而以為行善。所以，懺悔的意義，是要我們在悔過的同時，也要不斷提醒自己拋開成見，站在不同的角度，檢討自己的言行，多多為別人著想。承認自己從過去以至今日，在不知不覺間犯了許多過錯，就能勇敢承擔眼前的種種遭遇。一般人在遇到困厄挫折的時候，總是怨天尤人，責怪老天爺不長眼睛、善惡不分、清濁莫辨；結果，不是灰心喪志，就是憤世嫉俗。肯懺悔，就能心平氣和地承擔災難，並且藉著災難，鍛鍊更恭敬、更謙遜的心態，即使經過再多的打擊，也還能保持對人性的信心和慈悲。

也有人說，所謂：「業報至時，非空非海中，非入山石間，無有地方所，脫之不受報，唯有懺悔力，乃能得除滅。」照這麼說，懺悔可使重罪輕受，只要天天拜佛懺悔，就可以消除業障、免除不受果報的責任義務，豈不是太方便了？拜佛懺悔，對消除業障的確有幫助；但是，它的作用是因為佛菩薩看你真有改過遷善的決心及誠心，出面替你擔保，讓你暫時不要受報；或者像分期付款一樣，逐次攤還。就像一個欠債累累的人，躲債躲到一個大富翁家裡，這個大富翁出面向債主擔保，請求大家給這個人一些時間，保證他一定會慢慢還債，請債主不要催逼太急。道理是一樣的，佛菩薩只是做我們的擔保人，並不幫我們還債，所有債務，還是得由我們自己一分一毫慢慢地還。

真有地獄嗎？

從基本佛法來看，地獄、天堂皆出於自心。所謂地獄、天堂，在精神上的感受是有的，從果報來說，地獄的存在也是有的，但地獄並不一定有實際的方位、區域。至於刀山、油鍋、奈何橋、十殿閻王，這些都是出於民間信仰的傳說。在《地藏經》、《長阿含經》和描寫目犍連救母的經典，雖然都有描寫地獄的情形，但大部分的印象都是在中國，慢慢演化出來的。

不過地獄的思想在很多民族的宗教文化中都有，在釋迦牟尼佛之前，印度就有地獄之說，中國人說「九泉之下」，基督教死後不上天堂便入地獄的說法，都認為實際上有地獄的存在。其實，地獄只是感受的境界，這就像我們在做噩夢的時候，好像到了一個很可怕的地方；而做美夢的時候，又彷彿置身天堂。做夢的時候意識尚有如此感受，更何況死後的神識？所以，在精神上恐懼、不自由的狀態，就是地獄。人還活著的時候，這些恐怖的感受是從腦神經的反應而來，人死了之後，腦神經的活動停止了，但是精神的狀態還在，同樣也會有這些體驗。

其實，在我們每一天的生活當中，隨時可能在頃刻間墮入地獄。每一個念頭生起，只要起了煩惱執著，覺得憂傷恐懼、痛不欲生，就等於已在地獄中受折磨。起了嚴重的貪念，就是墮入餓鬼道；有了極度的恐懼心，就是墮入人間地獄；在工作前途方面，覺得自己四面楚歌、窮途末路，那也是到了地獄的邊緣。所以，天堂、地獄不在任何一個方位區域，就在我們內心的方寸之間。只要覺悟了，不被世間的煩惱恐懼纏擾，那就是遠離地獄了。

心魔與外魔

所謂「心魔」，是指由內心生起恐懼、慌亂、邪惡的念頭；如果你不能駕御它，就會被它牽制，做出許多非理性、甚至傷天害理的事。「外魔」則是由外而來，有不知其所以然的力量，干擾或侵犯身心的安定。其實，心魔與外魔常常是相互呼應的。當一個人內心脆弱的時候，外魔就很容易趁虛而入；反之，倘若心中安定，不憂不懼，外魔的力量再強大，也對你莫可奈何。這就好比在路上遇到一隻追著你狂吠不止的惡犬，要是你害怕牠，想撿石子打牠，牠就吠得愈加凶猛；要是你保持鎮定，不去回應牠，牠咆哮了一會兒，自己覺得沒趣，就會悄悄地走開。

佛陀在世的時候，也曾受到外魔干擾，但佛陀不為所動，最後反而感化了外魔。一般人沒有佛陀那樣的修持工夫，碰到不知其所以然的外力侵犯時，倘若心理醫生也找不出病灶，我建議大家多念觀世音菩薩聖號或念阿彌陀佛聖號。念佛菩薩聖號的用意，不是藉菩薩的力量來降魔鎮壓，而是讓自己的心有著落，心有著落，自然能夠從容安定，即使外魔現身，亦無所懼。

此外，倘若能藉著修行的練習，觀想一切乃因緣所生，亦即所謂的「五蘊皆空」，不論心魔、外魔，都是出乎生命主體的感受，也就是從心裡的不安和執著而來，其實並無永恆不變的實體，如此便無可執著的東西了。心無執著，外魔就會不攻自破。

當然，這種觀想的工夫，需要長時間的練習；初學者只要專心念佛，也有相同的功效。不過，有時候也會出現幻聽、幻覺等現象的干擾，讓你念不下去。所以，念佛要經常念、時時念，讓佛號深入念頭的潛意識之中。此外，發願、布施、供養、懺悔，也有一定的效力。藉著懺悔力，可以洗盡往昔生中的業障，讓冤孽解除。不過，觀想和念佛比較難但力量比較大；懺悔發願比較容易，相對地力量自然也比較小。但不論如何，都應該在平時持續不斷地努力，有難臨身時，才使得上力。

請說忍辱

一個人會用什麼樣的心態，面對自己所處的環境？這就要看他「忍辱」的工夫做得夠不夠。聽說在監牢裡一關十幾二十年的囚犯，很多是帶著滿腔恨意出獄的；所以，出獄以後往往變本加厲，犯下更大的罪案。

在佛經裡，「忍辱」的意涵是很豐富的；挫折、打擊固然要忍，成功與歡樂也要忍；逆來受，順來也要受。但是，所謂「受」，並不是被動地接受認可，而是以積極主動的態度，把境遇轉化超越，讓自己從中得到學習成長的機會。一般人受到冤屈挫折，心理上總是忿忿不平；然而，正因為忿恨難消，痛苦煎熬也如影隨形、揮之不去。如果藉著面對打擊來鍛鍊自己的心性品格，甚至把打擊你的人看成來度化你的菩薩，謝謝他給你試煉自己、提昇自己的機會，心裡沒有怨恨，自然不會感到痛苦。

有幾位心智障礙兒的家長告訴我，經過漫長的歲月，他們已經能在照顧孩子的艱苦和磨難當中，慢慢體會到自己的心量都被打開來了。他們能用接受考驗的心情歡喜承受，所以，即使外人看來，他們的處境是苦不堪言，他們卻甘之如飴。

在逆境中忍辱負重、蹣跚前行，這個道理大家能接受；在事事順利、飛黃騰達的時候也要修「忍辱」行，恐怕就不容易理解了。其實，人生的各種境遇，都是我們學習的功課；有人能處逆境，卻未必能處順境。「春風得意馬蹄疾，一日看盡長安花。」許多人在失意的時候還能刻苦自勵，一旦春風得意，就放蕩起來了，得意忘形，言行舉止失了分寸，災難禍害很快就隨之而至。所以要居安思危，成功要忍，歡樂也要忍。

我常說，參禪打坐應如在十字街口，在那種車來人往、紛亂嘈雜的環境裡，能不能控制自己，絲毫不受干擾？如果外在環境有一點點風吹草動，都會影響你的思想行為，難保煩惱不會跟著來。況且，外在境遇是順是逆，一切唯心造，那是凡夫俗子主觀認定，客觀事實未必如此。因此，讓自己保持客觀化，以免心被外境攪得團團轉，才能斷煩惱、生智慧。

因緣與一廂情願

近年來，宗教對國內社會的影響力愈來愈大，生活、工作中常有人談起應以「因緣觀」面對周遭的一切，或以「因緣觀」解釋個人的想法或起心動念。但是很多人也在問，「因緣觀」到底與所謂的「一廂情願」有什麼不同？

要了解「因緣」其實非常簡單，我們所接觸到的一切事物都在因緣之中，任何事情只要因緣成熟，便能完成，如果「萬事具備只欠東風」，那就是因緣不成熟。因緣只要有一點點差錯或變化，結果馬上就會改變；所以，人沒有辦法完全掌控自己的命運，也沒有辦法掌控自己的環境，任何的現象都是不斷隨著因緣的變化而變化；今天的局面如此，明天不一定會一樣。不過有些因緣是在我們所能預料的範圍之中，例如要織布生產，通常在計畫之後照著實踐就能實現，但若遇到環境的巨大轉變，個人的小目標還是會改變的。

至於一廂情願則是很天真的，自己想當然爾，完全憑空想像，這與經過縝密的企畫、計畫不同，計畫必須有一些事實的依據。但是經過計畫的事物也不一定完全可靠，也會發生意料之外的情況，這時候就應該要接受它，然後想辦法處理它，因為，因緣就是如此。

所以，如果期待計畫好的事在過程中發生問題，不必傷心也不必失望，應該繼續努力，促成因緣，還是有成功的機會；如果經過詳細的考慮，判斷因緣不可能促成，那也只好放下它，這和未經努力就放棄是截然不同的。

動靜不二皆是禪

現在的社會追求效率，造成每個人愈來愈匆忙，競爭愈來愈厲害。因此便有人希望透過禪修來幫助他們，以尋求內心的安定。但是，另一方面他們又認為禪修只是暫時把自己關在安寧的環境中，盤起雙腿，一念不生，一旦走出禪堂，面對變動無常的現實世界，似乎又覺得方法使不上力。我相信，很多想進入禪修之門的人，都會有這樣的疑惑。

事實上動、靜是不二的。禪的方法，如果僅僅用在靜中，而動中沒有用，這工夫就不算徹底；或僅僅用在動中而自己的心根本不能靜下來，這也不叫作禪。

早期的禪宗祖師並沒有主張一直打坐，甚至說「打坐不能成佛」，「開悟不在打坐」。如果只是關起門來動也不動地坐在那裡，就叫作修行的話，那麼石頭、木頭也都算在修行了。所以靜未必就是禪，動也未必就不能學禪。

但是禪修還是先要有靜的基礎，否則要心隨時安靜下來，可能性並不大。所以一開始先要在靜中練習打坐，慢慢地才能把禪法隨時隨地用到日常生活裡，最後做到在任何情況下都可以把自己的心安定下來，這才是真工夫。

我們一般人沒有時間天天練習，所以寺院有禪七、禪三等共修活動。但是想靠打坐七天或三天，就把心安定下來，可能性也不大；七天之中只是教你知道你的心在動，了解到心是如何地不安定。就是因為知道自己的心是不安定的，知道心不安定到什麼程度，這時候反而能夠安定下來了，能達到這樣的狀況已經算是不錯了。

這是非常有意思的事，當不知道自己的心不安定時，你的心是真的非常不安定；當知道自己的心不安，也希望它可以安定下來，就會開始用方法來調整不安定的心。方法很多，可以念阿彌陀佛、觀世音菩薩；也可以注意自己的呼吸，注意呼吸出入的感覺；或者反覆念一句話，看自己的念頭為什麼受影響，為什麼在動？動的是什麼？此外，有人跟我學打坐，如果心始終安定不下來，有時候我會教他把妄念分類編號，妄念就會逐漸消失，浮動的心也會安定下來，這也是一種方法。

以上是靜中的方法，至於動中的方法，就是在環境中面對一切事，清清楚楚知道它是什麼。別人讚歎我時，不必歡喜，罵我時也不必難過，因為這是他的立場，跟我沒有關係，我只要知道有這回事就好了；至於他所罵的人是不是我，這是另一個問題。如果罵得對，我應該歡喜，如果罵得不對，他罵的人根本不是我，所以不必受他影響。

也就是說，當環境使我們產生浮動不安時，要面對它，但不要把它當成跟自己有關係，如此在動中就會很安定。

宗教界也有金光黨

最近連續聽到幾對夫妻離婚的消息，說是因為太太信仰佛教，棄家庭於不顧，弄得先生受不了了，只好離婚。還有太太趁先生出差時，把家產捐給寺廟，帶著年幼的孩子一同出家。發生這種事情，難免讓人誤會是佛教出了問題；其實，這是個人的信仰偏差，或者，是他所親近的宗教團體根本不是正信的佛教，並不是佛教的信仰有問題。

佛教是非常注重家庭倫理的，並不認為每一個人都應該、或適合出家；所以，佛教徒絕大多數是在家居士。如果夫妻都是佛教徒，那當然很理想，是最好的「同修伴侶」，可以互相尊重、彼此勉勵；而正確的佛教信仰，也的的確確可以使家庭生活減少很多煩惱。不過，如果由於所信仰的宗教不同，去參與宗教活動又不能取得配偶諒解，我建議還是以家庭為重，暫時停止宗教活動，設法跟家人溝通。至於趁配偶不在，將家產捐出，帶著孩子去出家，這種作法，非但國家的法律不容，佛教的戒律也是不許可。

不過，宗教的戒律雖然比法律要嚴格得多，但是，宗教戒律並沒有「執法」的力量；即使在僧團之中，犯戒者不聽勸告、不知悔改，也頂多將之逐出師門而已，並沒有具體的約束力量與辦法。所以，現在有許多披著佛教僧尼的外衣，對佛法的認知似是而非，甚至藉用迷信手法騙財騙色的宗教人物及宗教團體，讓佛教蒙受很大的傷害。

我很期待有一天政府和宗教界都能想出妥善的辦法，來處理這些問題。目前，我們只能提醒民眾睜大眼睛，凡是以神通迷信蠱惑群眾，或有男女之事，或是動輒要求奉獻財物的，都要特別小心。當然，一個正統的宗教團體，也需要信徒的回饋奉獻，但對信徒的照顧，則是永無止境地無條件付出。至於，願不願回饋奉獻，則由信徒自己決定，不得用神異靈驗的手段脅迫信徒奉獻；就憑這幾點，相信民眾就可以明白分辨了。

祝福大家皆能得度

每當有重大災難發生，大家都會在媒體上看到佛教界為亡靈舉行超度法會的相關報導。久而久之，大家都以為，「超度」是跟死亡祭典有關的儀式。其實，從字面上來看，超度的意思很簡單，就是超越與度過的意思；也就是說，在遭遇苦難的時候，尋求撫慰和勉勵，在絕望之中找出希望來。

任何災難發生，不管死傷多麼慘重，能夠真正感知悲傷的，還是活著的人。因此，華航空難發生以後，我們佛教界立刻想到要出面撫慰家屬悲痛、不安的情緒。所以，包括法鼓山在內的許多佛教團體，在接獲消息之後，馬上自動趕到現場及板橋殯儀館為罹難的亡者助念，希望亡者的神識，能在安定的念佛聲中，放下恐怖驚懼，安詳到達佛國淨土。

根據我們關懷人員當天在現場的觀察，佛號的撫慰力量是很大的；他們在那裡持續念佛，家屬的情緒比剛開始的時候安定許多。家屬若能放下悲苦，亡者也比較容易放下對親情的執著，在諸佛菩薩的護持之下，早日往生佛國淨土。因此，舉行超度儀式，撫慰生者的意義，更大於對亡者的功能。所以，我們其實是一邊超度亡者，一邊也在超度生者；同時，我們也在超度在此一事件中受到震撼的社會大眾。

這次空難事件，除了家屬受到極大的創傷之外，社會大眾在電視機前親眼目睹血淋淋的畫面，心裡也一定受到很大的驚嚇。生死本無常，有宗教信仰的人，平時就有這些認知了；沒有宗教信仰的人，可能會因此而覺得焦慮不安，不知道災難什麼時候會降臨。其實，宗教可以幫助大眾認識生命的意義與價值；這些認識，就可以超越生死無常的恐懼和焦慮了。因此，我們的超度儀式，就不只是針對亡者和家屬而已了。

不過，超度的內容，絕對不只是儀式而已，儀式只是一個媒介，好讓大家了解超度是件重要的事。最有效的超度，不在於做了什麼法會、念了多少經，而在於把佛法的精神內涵，在日常生活中實踐出來。若能放下瞋恨、恐懼、不平，用廣大的慈悲心來看待這場災難，亡者便可以放下對世間的種種執著，心開意解往生佛國；家屬也可以早日走出悲傷的陰影；而社會大眾，更可以超越生死無常的威脅，把握有限的生命，追求更積極、更有意義的人生。

2

十字街頭好參禪

煩惱是助道的因緣

我們會覺得有煩惱、有苦難，是因為不明狀況，不了解原因；倘若了解煩惱和苦難生起的源頭，我們就會明白，煩惱是庸人自擾，而再大再多的苦難，都是可以接受的。可是一般人處在安樂之中，多半不太會想到追究煩惱和苦難的根源；非得經過一番椎心瀝血的痛苦折磨，才會想去尋找答案；或者激發前所未有的潛能，以求突破困境。因此，苦難的磨鍊往往造成柳暗花明的人生轉機。所謂「憂以啟聖」、「文窮而後工」，就是這個道理。

第二次大戰期間，猶太少女安妮在德軍占領區下，過著非常人所能忍受的囚禁生活，但是她用完全不同於別人的觀點，以豐富的感情，看待自身的苦難，並展現苦難中的人性之美。她的日記書流傳後世，感動千千萬萬的人；她的觀點，不但讓自己得以離苦、也讓眾生分享了人性的光華。這就是一個很好的例子。

另外，有一位西藏喇嘛，在獄中三十幾年，受過無數苦刑。他怎麼熬過來的呢？他說，眼看熬不住時，只要轉念一想，這正是修忍辱行的好機會，也正好趁此機會為眾生受苦、為自己消除往昔業障。當然，他也並非就此打消求生的意志，最後他還是不辭辛苦，輾轉逃到西方世界。

所以為自己的苦難找到意義，什麼苦都可以熬得住。當我們面對苦難的時候，能拿出方法脫離苦難，固然很好；倘若盱衡局勢，無法改變現狀，那就用最健康的心態來面對它，不怨恨、不絕望，也不是逆來順受。那才真正能從苦難中，吸收超越與成長的養分。

雖說煩惱是助道的因緣，但這不意味著我們要「自討苦吃」，親身感受痛苦的滋味，那太愚蠢了！釋迦牟尼佛成道之前，並沒有親身受過生、老、病、死之苦，但是，他從別人的體驗中，覺察到生、老、病、死之苦，是無人可以免除不受的，因而走上悟道之路。所以，我們若能以感同身受的慈悲心，體察別人所受的苦，也可以成為自己悟道的因緣。

謝謝癌菩薩

法鼓山有一位信眾，肚子裡長了一個惡性腫瘤，後來又擴散到腿部、背部及至全身。受盡苦楚折磨之後，她的心結反而打開了，很樂觀地告訴我說：「要不是這場病，讓我受了這些疼痛，我還不知道我居然可以承受這麼劇烈的痛！現在，恐怕再也沒有什麼是我不能承受的了。」她還幽默地把身上的癌細胞稱作「癌菩薩」。她說：「我得謝謝這些癌菩薩，它們是專門來成就我的。」

所謂「比丘常帶三分病，是助道因緣」。在修行人看來，病苦是幫助道心增長的逆增上緣，重病更可能是悟道的因緣。因為在親身經歷病痛的折磨之後，才能體會到救苦救難的菩薩精神；人在病中，正可以觀照生命的脆弱與無常，接受病痛折磨，唯有以坦然的心情面對因緣果報。

一般人大多恐懼病痛，千方百計逃之避之；以佛教的觀點來看，當群醫束手、藥石罔效時，恐懼害怕，只有苦上加苦，無濟於事；不如從容面對，心甘情願地接受它；一旦面對，即可放下。這就好比手上接到了一個滾燙的山芋，想丟卻丟不掉，怎麼辦？只好咬著牙想法子接下來；接下之後，漸漸地你的手就會習慣，也不覺得山芋燙手，放不放下都無所謂了。

癌症末期通常都很痛苦，化學治療也是苦不堪言；但是，我也遇到許多人像那位女居士一樣，積極勇敢地面對癌症，他們在病痛中學會坦然接受病痛的折磨，也學會把握有限的生命，積極服務奉獻，直到生命的最後一秒鐘為止。他們告訴我說：痛到最後，只要心裡無怨無恨，痛只是痛而已，並不苦；苦與不苦，完全是心理作用。能體會到這一層，也就能夠體會到何為菩薩精神了。所以說，「病苦是悟道的助緣」，一點也沒錯。

流浪的人生

人從出生以來，從出外求學、工作、結婚，哪一個時候不是在流浪呢？特別是現代社會，流動性那麼強，大家都在流浪。所以，流浪是人生的本質，沒什麼好擔心害怕的。我從出家以來，一直都是在流浪，從長江北岸的狼山到上海，再流浪到臺灣；從前我在國外生活的時候，大約有半年的時間過著居無定所的流浪漢生活，背著睡袋，到處借宿，借不到就睡在街頭。但是，這種生活是主動的流浪，我有很清楚的目標和方向，生命很充實，不以流浪為苦。

孔子周遊列國，栖栖惶惶、席不暇暖，不也是流浪嗎？行商四處做生意，也是到處流浪。出家人出家無家，更是以流浪為生。釋迦牟尼佛離開皇宮，就開始過著流浪的生活，常常沒有固定的生活居所，沒有固定的工作，也沒有固定的服務對象，卻有積極服務的人生觀，這就是不為己、不藏私的流浪漢精神。

然而，現在很多流浪漢都是被迫的。找不到工作，沒有住的地方，自己也覺得沒有前途了，只好流落街頭，過一天算一天，甚至開始吸毒、酗酒。其實，人生在世，有很多不測的變化，果真境遇坎坷，變成流浪漢了，也還不是絕路。我在美國有一位在家弟子就是流浪漢。他四處為家，到處吃、到處睡，無家無累，海闊天空，生活很充實，是個街頭哲學家，主要是因為他有明確的方向。他說他把生活所需降到最低，生病了到醫院去就診，就老實告訴醫師說他沒有保險，醫院多半不會置之不理。平時如果需要錢，憑體力做工，也可以賺到錢，其餘大部分的時間，他就到處弘法。

不過，一般人還是需要正常的家庭、工作與生活。所以，我也不鼓勵大家都做流浪漢。只是社會多變，很多人雖然受過很好的教育，能力也不錯，工作卻不一定順利。尤其現在經濟不景氣，中年失業的人好像愈來愈多，大家都隱隱約約感到不安。其實，人生無常，本來就沒有什麼是永久不變的。自己不能掌控的事情發生了，還是能用積極的態度面對它，把不安全感放下來，並告訴自己，人生的過程，就是流浪的事實，如果正面接受它，就不會有生存的恐懼感了。

提得起．放得下

最近幾年來，國內宗教界風波不斷，使得社會大眾對宗教，特別是佛教有更多的誤解。這是因為許多佛教徒自以為信了佛教，自以為是在修行，其實是對佛法認識不清，了解不夠正確，更沒有照著正確的佛法去實踐。所以，我們信佛、學佛，最重要的是到底信的是什麼？學的是什麼？

佛是指人格的完成者，也就是智慧和慈悲都圓滿的人。我們學佛，就是要效法佛的智慧和慈悲。慈悲是對眾生而言的，慈悲的人，絕對不會因為自己的行為失檢，而傷害他人；慈悲的人，可以使跟我共同生活、跟我一起工作的人，都能恰到好處地得到利益，在適當的時機，給別人懇切的規勸或施以援手。這樣學佛，才能贏得別人的尊敬與愛戴。

所謂智慧，就是少一點煩惱、少一點跟自己掙扎的艱難；在面臨理智與私欲時，能夠清清楚楚做出正確的選擇。人之所以會傷害他人，都是因為自私；一般的人，在理智上明明知道某些事情不應該去做，可是在私心上，希望自己多得利益、貪欲之心蒙蔽了智慧心，於是，不能控制欲望，反被欲望牽制，種種煩惱、種種傷害別人的行為就出現了。因此，我們要學佛的智慧，就是要學習做自己的主人，學習如何把自己管好，行善止惡，為家庭、為社會盡本分。

我在美國的時候，有一位太太哭哭啼啼地來找我。她說她的先生失蹤半年後又突然出現了；原來他不告而別，是跟別的女子同居。這位太太說，本來以為他死了，心情還能漸漸平靜，沒想到是這麼一回事，簡直快氣瘋了，恨不得把他給殺了。我就問她：「殺了他，妳怎麼辦？孩子怎麼辦？」她說：「我不管，我帶孩子去自殺算了！」我說：「是妳先生犯錯，妳跟孩子都是無辜的呀！」她說：「師父，你可不可以把我先生教好？」我說：「妳先生沒來，我無法教他，即使妳把他抓來了，他不相信我，我也幫不了他的忙，不過我倒是可以教妳怎麼處置這件事。」

我告訴她，佛的智慧教人要「提得起，放得下」，所以，她應該放下對先生的瞋恨心，勇敢承擔起此後獨力照顧孩子的責任；而且，運用慈悲心，原諒她的先生和那位第三者。聽了我的話她還是不甘心，她說：「這不公平！我不甘心！孩子姓他的姓，我為什麼幫他照顧孩子？」我說：「難道孩子不是妳的嗎？他不盡父親的本分，妳可不能不盡母親的本分。況且，天底下不公平、不合理的事太多了，有的可以改善，有的無法可想，我們管不了；如果每一個人管好自己，每一個人都盡了本分，不公平的事件就會減少了。」

「提得起，放得下」，我們信佛、學佛，就是要學智慧和慈悲，讓自己在紛亂的現實世界中，認清事實、止息煩惱。佛的智慧從修行而來，沒有修行，智慧是不夠的。修行的方法、修行的生活，說穿了就是老老實實地去做，很簡單，沒什麼炫人眼目的花招。

婚姻的基石

近年來，臺灣離婚率愈來愈高，探討如何降低離婚率或防止離婚的發生，已經成為社會大眾熱烈談論的話題。

離婚率偏高的原因是社會風氣及時代潮流造成的，因為現代家庭的結構功能與過去不同，夫妻間相互需求、支援、依賴的感覺愈來愈少。

過去女孩子結婚是為了找長期飯票，人生旅途有個依靠，但現在夫妻賺錢的機會均等，女子獨立謀生的能力愈來愈強，這種想法早就落伍了；

再加上夫妻雙方所接觸的環境不同，想法不同，造成同床異夢，精神、理念、信仰、習慣共通的愈來愈少，比比皆是。

沒有共同的理念、信仰、方向，所以不能生死與共，不能夫唱婦隨。甚至許多人尚未結婚就有這樣的念頭：「找一個人結婚，將來不合，大不了離婚。」

唯有人生的方向、生存的理念相同，才能保障幸福婚姻的穩定性。

未來的世界

二十一世紀會變成怎樣的世界，很多人都在推測，眾說紛紜。我不是預言家，但是根據各方的說法，未來世界的物質文明是會愈來愈發達，但自然環境卻愈變愈糟；不過從佛法的觀點來說，這是必然的，是成、住、壞、空的過程。只不過科技發達，物質享受的提昇雖然帶給人類很大的方便，但也讓人們的心靈感到空虛，人與人之間的距離愈來愈遠。

因此凡有世界觀念的人，對未來抱持樂觀態度的人似乎不多。可是科技真的這樣可惡嗎？卻也未必，只是我們要認清科技，雖為人類帶來許多福利，但福利的背後很可能就是對天然資源的破壞，這就如同口渴時吸自己的血，是非常可怕的事。但是我們沒有辦法阻止科技不要進步，只有從人們的心靈淨化、觀念的教育著手。

首先，我們對未來不要那麼悲觀，但要有心理準備。所以，我們要不斷對所有的人教育、宣導，告訴他們未來世界的物質享受愈富裕，生活環境就愈糟糕，心靈也會愈空虛；有了這樣的心理準備，就能夠面對事實，而且既然已經知道會發生這樣的事，發生之後就不要痛苦、緊張、害怕，要面對它。

另一方面，也要加強「惜福」的觀念，能不用的就不用，能少用的就少用，能循環使用的就一直用到不能用為止，減少對自然資源的消耗，減少垃圾對自然環境的破壞，便可使自然環境維持得更久，不會破壞得那麼快，因為地球上任何一項自然資源，沒有真正可以永久循環使用的。所以，如果我們希望二十一世紀的人能生活得舒服一點，還能看得到青山綠水的話，從現在開始就應當珍惜資源，應當惜福。

為善要讓天下皆知

有些佛教徒問我說，把佛法用在工作場合中，是不是就要凡事退讓忍耐、不與人爭；而且要默默努力付出，別問成果如何；更不應該常常跑到老闆面前報告自己做了什麼好事。這跟現實社會的成功術似乎剛好相反，是不是佛教的道理太不切實際了？

所謂「默默努力」，在我看來，這種做事的態度和想法表面上看，好像很好，其實未必。為什麼呢？在一個工作團體裡，做任何事情都要配合團體的需求，默默努力，意味著這個人根本不跟別人切磋協商，只是悶著頭做自己的事。老實說，這種人大家都怕，他在做什麼別人不清楚，他做的事到底做對了還是做錯了？恐怕連他自己也不清楚。想想看，哪一個老闆會喜歡這種人呢？

有一回，一位信徒帶花到寺院裡來，也不問人，就自作主張把花擺在佛像前。後來，有人看到佛像前莫名其妙多了一盆花，就把它拿下來放在一旁。過一會兒，供花的人回來了，發現花不見了，又把花擺回去，結果，還是被人給撤下來了。這回他生氣了，跑來向我告狀。我問他：「如果我不問你的意見，就幫你在臉上化起妝來，你願不願意？」他回答：「當然不願意！」我說：「這就是了！我們的佛前供花有專人負責。你下次帶花來，就交給負責的人，讓他幫你處理，這不就皆大歡喜了嗎？」所以，人常常自以為做的是好事，卻一廂情願，不管人家是否需要，好心也就會成為別人的負擔。

所以，懂得運用智慧的佛教徒，絕對不會悶著頭傻做，也不會老覺得自己懷才不遇、落落寡歡、怨天尤人。有智慧的人，知道怎麼用和婉的態度跟旁人溝通協調，上情下達、下情上達，做人群中的潤滑劑，巧妙解決人與人的紛爭；然後，發揮自己的影響力，讓自己的理念，得到別人的認同，集聚眾人的力量，來完成一個理想的志業。這樣，不但成就了理想，也成就了眾人。

常常有人說：「為善不欲人知。」這句話從某些角度來看，也不盡然正確，不妨說：「為善要讓天下皆知。」讓天下人都知道你在做一件有意義的事，是為了拋磚引玉，起帶頭的作用，激發大眾的善心善念，讓大家爭相跟隨仿效。這不是為了自己的名聞利養著想，這是為大眾著想，是當仁不讓的。

把慈悲用在生活之中

《大智度論》卷二十七云：「大慈與一切眾生樂，大悲拔一切眾生苦。」簡單地說，所謂大慈悲心，就是要讓眾生離苦得樂。大慈悲心不是佛陀和那些大菩薩們才有，我們凡夫俗子，人人本來都有一顆大慈悲心。這跟孟子以梁惠王「不忍其觳觫」、一般人「乍見孺子將入於井，皆有怵惕惻隱之心」，說明人人心中都有「仁」的根苗，想法是一樣的。只不過凡夫的慈悲心容易受到自我蒙蔽，一不小心就落在自私自利的圈套裡；所以，我們要時常從起心動念處檢討自己的行為。

比方說，我們看到地上有一根針，心裡會想：「啊！幸好被我看見了！」為什麼幸好被你看見？你是擔心自己踩到呢？還是擔心別人踩到？擔心自己，就是自私心；擔心別人，就是利他的慈悲心了。所以，同樣是把針撿起來的動作，念頭不一樣，慈悲與否是當下分明的。

慈悲心是可以在日常生活中隨時湧現的。看到一個水果，想到其中有多少辛苦耕耘的血汗，因而產生愛物惜福的感恩之心，那就是慈悲；看到別人遭遇不幸，心生憐憫，固然是慈悲；看到別人春風得意，心中默禱但願他好生處之，不要得意忘形，以免樂極生悲，這也是慈悲。

也有人問，在野外看到會致人於死的虎頭蜂，要怎麼做才算是慈悲？最圓滿的作法當然是警告別人切勿靠近，一方面保護人的安全，同時也保全了虎頭蜂的生存權；但是如果有人受到虎頭蜂的攻擊，危在旦夕，當然以保護人身安全為先。

所謂「物傷其類」，慈悲心的立基點，還是從人開始的。不過，看見蟲子在吃你辛苦栽種的玫瑰花，你該不該殺蟲子以保全玫瑰呢？我想，最根本的辦法，是杜絕蟲子孳生的機會，因為制止生命狀態的發生，並不算是殺生。如果蟲害的範圍很小，不過吃掉幾片葉子，不致影響玫瑰花的生長，這是自然生態本有的現象，應該是可以接受的；如果再怎麼努力都無法控制蟲害，表示這個環境根本就不適合栽培玫瑰，我看還是改種其他的花卉吧！

慈悲的智慧

有許多人跟我談到，他們旅行到貧窮國家時，經常看見滿街的乞丐和遊童，雖然心中悲憫，卻又為了自己的愛莫能助而備感煎熬。總不能從此閉上眼睛，不看這些人間的苦難，他們問我，究竟該怎麼做才是有智慧？

其實，在地球上有人類生存的地方，就有各種令人心生悲憫的人物和現象；所以，人世間是最能令人發菩提心的所在。看見各種人間疾苦而起了慈悲心，我們就可以說是有「善根」的人；如果看見受苦受難的眾生而無動於衷，那就是麻木不仁了。

不過，即便是誓願普救眾生的佛菩薩，也不可能在同一時間或一生之中救遍天下所有的人，就像地藏王菩薩即使發了「地獄不空，誓不成佛」的大願，也因為不斷會有眾生進出地獄而永遠不能成佛，佛菩薩尚且來不及救度一切眾生離苦得樂，更何況是凡夫如我們呢？

了解到這一點，我們布施做慈善工作，就只能依自己的智力、財力與時間，選擇跟自己志趣最接近的對象，做重點性的服務。比方說，我們要照顧心智障礙兒童，只能選擇某一所相關機構，參與其中一部分工作，這樣才有可能長遠而持續；不然，用力過猛，一下子把自己的力氣都耗光了，不但做不完全部的慈善工作，反而可能把自己都拖垮了，這並不是有智慧的作法。所以要量力而為，細水長流。除此之外，也要設法厚植救濟眾生的能力，讓自己有能力承擔更多責任，好為更多的人服務。

另外，我也認為，為了拋磚引玉，「為善要讓天下知」。一個人的能力有限，以有限服務無限，絕對不可能，所以要激發大眾的慈悲心，呼籲更多人參與慈善工作，以無限來服務有限，力量無窮。而且，能開發別人的菩提心，讓他們也有布施的機會，也是一件大功德。

護生的智慧

放生是佛教自古以來所主張的，其目的是為了慈悲、為了關懷生命，佛教認為凡是有生命的動物均應受到保護，除了對人的關懷外，對其他動物亦要平等關懷。

中國放生的風氣盛行已久，如今對自然生態稍有常識的人，都不禁會想：現今放生的目的和意義，是否真正達到了護生的目的？比如有些人將淡水魚放生到海水中，將海水魚放生到淡水中，如此的放生是否恰當？事實上魚、鳥都有適合其生存的環境條件，若任意移動其生存環境就會變成殺生而非放生。

而且原本放生的意義是對已被捕，或即將遭殺害的生物伸出援手，但現在很多人是為了賺放生者的錢而去抓生物，使無辜的生物因為放生而喪生。所以，近年來正信的佛教已不再提倡放生，希望進一步轉化放生的意義，改做保育護生的工作。

尤其在臺灣，捕殺稀有動物做藥材或雕刻品，或是人吃老虎肉，到現在還時有所聞，我們也因此備受國際間的矚目與指責。站在佛教徒的立場來看，犧牲動物來滿足自己所需是可恥的，特別是人吃虎肉更是虛榮心的表現。

因此我們要呼籲全民不再用珍禽異獸來滿足一己的私欲，中藥界也要有共識，不要犧牲動物來做為藥材，應該採用其他的替代品。

另外流浪狗的問題，也同樣牽涉到環境保護的觀念與立場。事實上，野狗、流浪犬之所以會形成問題，都是人所造成的，所以應當在法律上訂定辦法，規定養狗的人該如何。

其次，已在街頭流浪的狗，捕殺或不殺都不能解決問題，倒是可以考慮實施結紮，使其不再繁殖。同時也可以運用傳播媒體，加強呼籲養狗的人，不要棄狗，若真有不得已的原因無法繼續飼養，則應通知衛生環保單位或棄狗收養中心，使有心人士能協助養狗。

希望透過這種種的努力，能夠減緩人類文明對自然環境與生態的破壞。

不受無謂的損害

我在美國的東初禪寺曾經遇到一個案例，一位離婚獨居的美國牙醫到中國大陸旅行時，遇到一位計程車司機，那位司機很希望自己十四、五歲的女兒能到國外受教育，自己又負擔不起，牙醫於是答應認養那名女孩；女孩跟牙醫到了美國，的確如願得到很好的教育機會，可是沒過多久，她跑到東初禪寺求救，因為養父對她性騷擾已長達半年。東初禪寺雖然也是一個社會團體的組織，但我們卻不能隨便收容逃家的青少年，還是得依照法律的規定，處理這種狀況，聯絡美國的青少年服務機構，讓機構的人出面保護她；之後，還對她做定期的追蹤關心和輔導。

我常常提醒大家，要援助別人，不能僅僅靠著滿腔熱血往前衝，很多事情還是得考慮清楚。尤其在法治社會裡，沒有經過一定的法律程序，個人或團體都不得隨意收容兒童，否則就觸犯法律了。我們一般人能為這些受害兒童做什麼呢？第一，資助類似服務機構，讓每一個需要保護的兒童都有避難所；第二，呼籲大家關切這個問題。

所以，除了考慮自己的能力和適法性，自己的安全也該考慮。過去，曾有一位熱心的女性義工，把家裡的住址和電話告訴一個男性案主，結果卻遭到對方強暴。捨己助人的精神固然可敬，可是並不是明智的作法。

也有人問，過馬路的時候，看到一個步履蹣跚、又臭又髒的流浪漢，該不該上前扶他一把？如果你是一位女士，可能要三思。

還有一種情況是，你撐著一把傘走在滂沱大雨中，看到一個路人被雨淋得全身濕透了，要不要請他跟你一起遮雨？如果對方是一個壯漢，而你是一個妙齡小姐，你的舉動很可能會讓他誤會；如果對方是老弱婦孺，那倒無妨。不過，如果你的傘很小，自己撐著都不足以擋住大雨，又如何能助人呢？所以，為自己考慮，倒不見得是出於私心，而是衡量情勢，不受無謂的損害。

恆順眾生

「恆順眾生」是普賢菩薩十大願之一。要做到這一層，說難，的確很難，但是說容易，其實也很容易。怎麼說呢？所謂「眾生」，泛指所有人類，甚至宇宙之內的一切眾生，我們平常人，如何能「恆順一切眾生」？萬丈高樓平地起，在我們身邊的親人、朋友、同事、長官、部屬等等人際關係當中，若能時時設身處地，為他們真正的需要做打算，那也就是「恆順眾生」了。

從字面上來看，很多人會誤把「隨波逐流」當作「恆順眾生」。有一位本來十分用功的居士，有一陣子突然消失不見，後來我遇見他，他告訴我，為了接引幾位朋友來學佛，先要讓對方解除對學佛者的刻板印象，認為佛弟子都是道貌岸然的老古板，所以他得刻意跟他們在一起花天酒地、吃喝玩樂；我問他：「這麼久了，他們開始學佛了嗎？」他說：「還沒有，不過，我相信快了！」結果過了很久，不但沒見到他的朋友出現，連他也不見了。

所以，恆順眾生，不是順應對方的「想要」，而是基於當前的處境，做未雨綢繆的考量，順應對方真正的「需要」。比如說，一個有寫作天分的孩子，我們應該培養他、鼓勵他、提拔他，為他聚集更多資源，促成他的成功，而不是在他偷懶倦怠的時候，跟他一起偷懶倦怠。不過，這也絕對不是一廂情願地以愛心為名，行傷害、強制別人之實，就像很多父母、或自以為是的人士所做的那樣。

因此，一個有智慧的人，可以做出正確的判斷，在過與不及之間，恰到好處。這樣，不論是雪中送炭，助人度過困厄，或是錦上添花，鼓勵人發起願心，在成功的基礎上再接再厲，更進一步，都是日常生活中，舉手之勞就可以做得到的。

現代人的修養工夫

佛法認為心靜可以產生智慧，可是當生活不順利，不論是事業、家庭、學業、感情……，需要運用智慧來處理問題時，才發現自己根本沒辦法將心安定下來，更遑論發揮智慧了！

通常人在非常忙碌的情況下，連心裡也是非常忙碌，心很難安定下來，這時候便需要一些修養的工夫。如果沒有一點修養的工夫，在平常沒有困擾時，也許還能夠保持安定，一旦面臨個人或事業上棘手的問題時，難保不會心生煩惱、矛盾、痛苦。

所以，不要以為自己太忙，不需要學習一些修養的方法，反而是因為忙，所以更需要修養的工夫。

修養的工夫是什麼？第一就是宗教的信仰，有宗教的信仰至少會有信心，相信自己所做的是為社會、為大眾，是在付出，問心無愧，如果暫時有困擾，只要心平氣和，很快就可以度過，而且相信佛菩薩也會護佑，這就是宗教的信心。

第二就是持誦佛、菩薩聖號，以及打坐。打坐對身心的安定很有幫助，每天只要半個小時至一個小時，訓練自己隨時隨地把心收回來，如果學會在波動的情況中，也能將心安定下來，那麼處理事情一定不會慌亂，身體也會健康起來。

像我的身體一向不是很好，可是我每天的工作時間很長，處理的事情很多，但我仍然能夠爬山、坐長程的飛機。我之所以能這樣，是因為我經常保持平靜的心，不受外在的情況干擾；雖然不受干擾，但我對外在的情況卻非常清楚，是罵、是讚、是褒、是貶，我皆瞭如指掌。

或許很多人以為出家人一派清閒，沒什麼逆境，其實以我來說，平常衝擊我的問題相當多，但我因為能保持心裡的平和，所以體力消耗不多，只不過經常保持心平氣和說起來容易，做起來是很難的。

現代人都很忙，但就是因為忙，所以更需要時間閒下來，切勿以為利用時間去打坐、念佛是浪費時間，相反地，它可以提高工作效率與判斷力，對事情都會用客觀的立場；否則，一受外界的刺激就失去客觀立場，處理事情的過程將會錯誤百出而不自知。希望大家有機會來參加禪修，接受禪修的方法與訓練。如果我們經常付出一點時間、一點代價，換得安心、定心的工夫，絕對是值得的。

教育淨人心

曾經有一位師範學院的資深教授告訴我，隨著社會風氣的轉變，現在學校的教育環境，讓很多從事教育工作的人感到灰心，所以也影響師範學校畢業生教學的意願。他很憂心現正就讀師範學院的學生，未來是否能堅守教學崗位，發揮專長？並且該如何讓這些未來的老師都了解以教育淨化人心的作法？

教育家看世界總是悲天憫人，處在理想與現實、客觀與主見、自我與環境相對的世間裡，每個人的價值觀、生活背景、成長過程均有所不同，其作法、看法也就不盡相同。所以要讓這批未來的教育工作者明白，他們將會面對形形色色的家長與學生，不能強求全班都是上品的優等生，因為那是不可能的事。

做一名教育家應本著可以做到、能做到、該做到的，盡心去做，做不到的事不必強求；盡心盡力呼籲大家認同，可是當他人不認同時亦應無所怨尤。宗教師亦是如此。

釋迦牟尼佛成佛後廣度眾生，地藏菩薩說「地獄不空，誓不成佛」。但眾生那麼多，眾生的煩惱也似乎愈來愈多，可是身為宗教家是永遠不會失望的，只會永無休止地盡其在我。教育學生也應如此，事先要有面對艱難的心，本著理念和理想，能奉獻多少就奉獻多少，能救幾人便救幾人。

有人認為，不乖的小孩由我摸摸頭，祝福一下就能改善。若真的有用，我又何必如此忙碌到處弘法，奔波勞累？只要坐著專門摸頭即可。也有人問說：「社會風氣不是很好，是否可由高階層的政治領袖們帶頭改良風氣？」我說：「是的，所謂『上行下效』是有可能的，但也不是絕對有用。」因為有許多事，不是少數高階層人士所能夠解決的。

佛法說「共業」，即是要結合大家共同的力量，希望社會大眾養成共識，但是共識的養成也不能一廂情願，不見得人人都會來響應。也有人說，大家來信佛就會國泰民安、世界和平，事實並非如此單純。畢竟人類的問題，並非完全是客觀的，尚有個人主觀的因素存在。因此，用教育的確可以達到某種程度的改變，但是要想完全達到理想的教育目的則是奢求。所以，能救多少算多少，反而是更積極務實的作法。

教育與禪修

社會變遷下，青少年涉及暴力的事件愈來愈多，犯罪率也日益增加，有許多老師或教育人員，在處理暴力事件的過程中，常常有很深的挫折感與無奈感。

法鼓山有許多從事教職的信眾，他們也常常問我說：「師父，怎麼辦啊！有沒有什麼立竿見影的辦法，可以改善這種情況？」他們都希望將禪坐推廣到校園，用以導正學生的某些偏差行為，甚至把佛法應用到教學上，協助學校教育發揮最大的功效。

我有二句話：「用慈悲關懷別人，用智慧照顧自己。」用慈悲處理人、對待人；用智慧處理事、對待事。世上沒有壞人，只是會做壞事，站在教育的立場，我們應有此胸襟才對；用慈悲與智慧來面對今日的社會現象，就不會感到那麼絕望和無奈。而且整個社會是多元化的，社會風氣形成的原因也是錯綜複雜，非學校單方面所能掌控，亦非一個學校或一個地區可改善。所以更積極的作法應該是：改善社會風氣，創新社會風氣，帶動社會風氣。

首先，從人心、人性來改善，由點漸漸推至全面，由暫時到永久。並且由宗教界及教育工作者本身做起，再帶動家人、工作環境乃至整個社會，漸次擴大。若僅僅是頭痛醫頭，腳痛醫腳，只能治標不能治本。

就我所知，現在臺北有幾所高中教學生禪修打坐，效果不錯。但是在推動時，應該先使他在價值觀念上有所體認和釐清，才會有真正的成效，否則只是做做表面工夫，內在心靈上沒有感受，一旦出了校門，所學得的禪修觀念勢必蕩然無存，原有的問題還是會再發生。

教育是一個全面性的工作，需要大家長期來共同推動，很難有立竿見影的效果，倒要有百年樹人的心理準備，想要推動禪修也不是只有在禪修時，或親近師父時才做，否則風氣過後又沒有了，終究還是應該靠大家長時間共同的努力。

佛法的政治觀

每當選舉時節來臨之際，許多候選人、助選人都很希望獲得佛教團體的認同或推薦，而關心政治的民眾，往往也爭相了解佛教團體的想法與作法。

事實上，不要說佛教徒，凡是人都不能離開政治，政治又可分廣、狹兩義。廣義的政治是指管理眾人之事，即使是管理家務也是政治，凡是有人的地方，均要管理，均有政治，在此前提下，佛教徒當然也需要政治。

狹義的政治是指擔任政府的公職、民意代表等的工作。佛教徒若不參與政治就沒有立足之地，也就沒有表達自己意願的機會，那麼，將會被社會遺忘。所以，我贊成個人參與政治活動的。

但就團體而言，若其性質、宗旨及工作項目，不是以政治為目的而設立的，參加政治運動便很可能會忘了團體設立的原意。就如同我所領導的團體，是以推動「提昇人的品質，建設人間淨土」為理念，方向一旦偏差，團體便將面臨危機。

因此，我個人非常珍視政治選舉時的投票權，卻不以我的力量及團體的名義來影響或左右別人。總而言之，我支持個人參與政治，但不希望以我們團體的名義投入政治運動。

禪法的運用

在多次的公開座談會中，常有一些任職於政府機關的貴賓問我，禪法如何能解決社會亂象？政府部門又該如何應用禪的觀念根除社會病態？

事實上這兩個問題就是說，如何用禪的觀點或方法，主動協助社會達成心靈淨化的目的；同時，政府該如何運用禪的方法，落實於民眾的日常生活。

縱觀臺灣各地的教育單位，都曾經與幾個佛教寺院合作舉辦過教師禪修營、青少年禪修營，或是建立中途之家，或是由寺院提供場地來做為修養中心等，輔導問題兒童、學生。可見佛教界以及政府若干有心人士，都已朝這個方向在努力。

不過，目前佛教界正處於青黃不接的階段，人力十分缺乏，要求我們提供服務的地方相當多，可是我們能夠提供的人力服務很有限，老師、人員的訓練都還來不及。因為禪的修行，一定要自己有所體認，內心上覺得真實受用，才能真正幫助別人。否則，現買現賣非常不可靠，力量也很有限。所以我們是一步一步很實在地在訓練出家人或在家居士，希望有更多人來指導一般禪修的方法或觀念。

但是未來是不確定的，社會風氣的走向也很難說。例如美國在一九七〇年代，高中學校都設有靜坐課，可是到了九〇年代，這種現象已經沒有了，原因是當時美國社會經濟繁榮、生活安定，人們就想追求精神生活；但當經濟蕭條，失業人口增加，對精神生活的追求相對也就褪色了。另外，新加坡在十多年前由政府訓練了很多教授宗教課程的老師，在中學裡提供宗教常識，包括靜坐的方法和觀念，可是也只有實施了四、五年就停止了。

所以，我雖對政府與民間合作推動禪修或淨化心靈，寄予厚望，但是對將來的政策及風氣會如何卻毫無把握，只希望全國有識之士共同努力。

企業中的佛法

在一次與企業家座談的會議上，有一位知名的企業主問我三個問題：1.如何在不違背慈悲的立場下，企業之間仍能保有公平的競爭？2.老闆所賺的錢如何對員工與社會做合理的回饋？3.借貸上運用不順，如何調整心態來面對問題？

這些問題並不難解。我常說：「在商言商，競爭是平常的事。」如果佛教徒說慈悲就是不競爭，那是你自己不成長，相對地別人也不會真正受益；有競爭，社會才能更進步、更繁榮，有對手才會做得更好。

譬如我辦研究所，一個人覺得很孤單，因為沒有對象讓我知道如何改善才能做得更好、更完美，後來有另外一個研究所成立，雖然感覺到相當大的壓力，但是我卻很高興，因為孤掌難鳴，兩隻手鼓掌就會發出聲音，才更有力量，所以競爭是必要的；但必須是良性的競爭，那對自己、對社會都會有很好的利益，大家都會進步。如果競爭失敗，表示能力不夠、智慧不夠、專業不夠，應該力求改進。

至於第二個問題，我的回答是，佛教在《善生經》中提到居士的收入，可以分作四份，除了生活所需及儲蓄之外，也有屬於營業及投資用的資本。時至今日，也應該在這當中，酌量取出做為對社會的回饋，包括對三寶的護持與供養，對貧窮人的救濟，及對社會的奉獻。

企業經營如果沒有再投資的資本，事業就不能發展，而且做生意可能會有盈虧，為了調節盈虧，一定要儲蓄，以備盈虧之所需。身為企業經營者除了本身要有這樣的觀念，也應該告訴員工們，將一部分的錢存下來是為了公司發展，公司發展愈穩定，成長愈好，相對的員工福利也會增加，員工的職業也愈穩定。

而當借貸有問題時，可能就會產生倒帳、倒閉情形，有信譽的商人都不希望發生這樣的事，不過經濟情勢瞬息萬變，很難預測，最穩當的作法還是「投資不要投機」。

投機就是自己沒有資本，買空賣空，一旦出了問題，就倒人家的錢，倒銀行的錢，而銀行的錢就是政府的，或是社會共有的錢，這個罪過很大。所以一名企業家應該要考慮清楚，如果沒有足夠的資本，最好把聰明才智借給別人用，把企畫獻給需要的人，自己不要冒險經營，那是不妥當的。

得失心與平常心

很多人看了佛經、佛書之後，多少都知道放下得失心的道理，可是，身處企業界，面臨業績及競爭的壓力，便會不知如何調適。

事實上，得失心人人都有，業績不好直接影響收益及老闆的臉色，回到家可能也容易和太太吵架。想要有好的業績，除了體力之外還要加上腦力，而且還要有福德力，也就是一般所說的好運、歹運；運氣是無法操之在我的，而且是無法解釋的，或許是過去世帶來的吧。

所以，面對事業的不如意，不如這樣想：走路走久了需要休息，登山時有上坡也有下坡，只要盡了力就好。業績上升固然好，業績下降也不必難過，難過也無濟於事，不如放下得失心，否則一遇到挫折就失去信心，失去往前走的勇氣，未來的路只會愈來愈辛苦。

如果能夠收放自如，得失自在，好壞不擺在心上，只求自己不斷努力，這樣別人會覺得我們可靠，自己也不會失去信心，無論對個人、家庭、社會都是健康的、正面的。

除了業績得失放不下，利益得失也經常叫人難以釋懷。曾經就有一位企業家告訴我，他經常花了原本不願花的錢，弄得心裡很不痛快。

不願花錢而花得不甘心、花得難過，這只能夠以因果不可思議來說明；另外站在佛教的立場，不妨以「結緣」的心態來面對。有人專門占別人便宜，有的人是專門付出的，社會中這樣的情形很多，甚至家庭中也是；如果再進一步想，就是因為社會需要奉獻，我還能夠奉獻，表示我還是有福報的，而且自己的悲心慈心，便也會因此歷練、成長了。

我有一位皈依弟子也提過類似的問題，我說：「很好啊，就是有錢才能花錢。」他說他是因為沒錢還得花，才覺得窩囊，我問他既已如此，打算怎麼辦，他回答道：「只好盡力想辦法了！」

我告訴他，能夠想辦法的人，實際上雖然沒有得到任何東西，但在努力、經驗、成長上已經受到訓練，這便是最大、最值得的收穫了。

管理中的慈悲

現代人講究自由浪漫，經常一不高興就請假，公司幹部拜託、告誡好像沒什麼效果，即使老闆親自出馬也不見得有用，所以很多企業主就跑來請教我，在人際關係與公司管理兩者之間，該如何拿捏與處理？

這樣的問題連在我們寺院裡也會發生，古代叢林有這麼一句話：「慈悲出禍害，香板出祖師。」香板是用來打人的，師父若不使用香板，都以慈悲對待的話，那麼弟子非但不能夠成器成才，還有可能成為壞人；因此在寺裡，很多人可能只看到菩薩面孔的慈悲，而未看到金剛的怒目。

在管理時，方法及動機是要分開的，管理方法必須制度化，在商言商、在公言公，對員工的管理，要求就是要求，不能夠馬馬虎虎，自以為是慈悲，其實是濫慈悲、爛好人。真正的慈悲是使對方好，使對方得到利益；為了讓對方能得利，平常不會出紕漏，那麼嚴加管理就是需要的。

或許剛開始有人認為老闆很凶、很壞，但老闆的動機是為他們好，為他們創造更多的利益，大家應該可以感受到。同時身為領導人也要懂得教育員工，使他們能得到更大的成長及利益。

關懷加教育就是慈悲，在這個大原則下，可以表現出各種不同的方法。例如我罵弟子是為了教育他，但也不能隨便罵，要罵得有道理，讓他感受到關懷。

另外，凡所成就者，都必須結合眾人之力；一個公司要有前途，還是得靠員工的同心合力，單憑老闆個人是無法做到的。所以身為管理者，更應該以全體參與者的利益為利益，需求為需求，如此大家方能有向心力。一個公司如果能為了共同的理念而上下全體一起努力，事業必定蒸蒸日上。

因此我認為，只要有人就有希望，有人就要關懷、就要教育，這才是慈悲的管理。

七分努力三分福報

世間的人之所以貪財，因為財富是安全的保障，是身分、地位的陪襯。古人說：「有錢能使鬼推磨。」可見拜金主義也非自今日才開始。

財富的確可以帶來許多方便，尤其現在這個社會，一出門就要用錢，沒錢還真是行不通。錢財要緊，人人都很想發財，可是有句話說：「錢找人容易，人找錢難。」又說：「錢四腳，人兩腳，怎麼追都追不上。」要發財，有方法、有腦筋，還不一定能求得到；明明採用同樣的經營方式，有人賺錢，有人就倒楣賠錢，這種現象在每一個行業都時常看得到，這到底是怎麼一回事呢？

其實，賺不賺錢，有一半要看經營者努不努力，方向對不對；另一半，就靠福報了。

我有一位皈依弟子，在一家大公司當顧問，專門替人家賺錢，老闆靠他賺進大把鈔票。後來他想，幫人家賺錢，不如自己開公司，替自己賺錢。結果，一樣這麼做，不但沒賺，還賠得一塌糊塗。後來想想，還是回去幫人家做事吧。說也奇怪，回到本行又是財源滾滾。過幾年，他又不甘心了，再度自組公司，結局還是一樣。最後，他只好認了，乖乖領人家的薪水，出力幫人家賺大錢。

在臺灣，這種人特別多。大家都想當董事長，當「某某大王」，不願意屈居在人家公司底下做事領薪水，看別人好像也沒什麼能耐，就能輕輕鬆鬆做老闆，賺很多錢；事實上，一個成功的經營者，通常都有一套用人之術，還有準確判斷的決策力、堅定的毅力、覺察市場變化的敏銳度等等。當然，更要有福報才行，有聰明智慧而沒有福報，頂多只能小賺一筆。

我這樣說，也並不是把賺不賺錢，消極地歸因於有沒有福報，以此來反對年輕人自己創業。其實，我很鼓勵雄心萬丈的年輕人出來開創事業，但前提是要在可能的範圍內蒐集資料，做好準備；若有五成以上的把握，那就去衝吧！失敗了也心服口服。如果事前沒下工夫蒐集資訊，前因後果都沒有盤算清楚，連一點把握都沒有，空口白話說了一大堆，糊裡糊塗地自尋苦惱，那就怨不得天，也怪不得人了。

國家圖書館出版品預行編目資料

人行道 / 聖嚴法師著 . -- 三版 . -- 臺北市 : 法鼓文化, 2025.03
面； 公分
ISBN 978-626-7345-63-4（平裝）

1.CST: 佛教說法 2.CST: 佛教教化法

225.4 113020221

人間淨土 3

人行道

Path of Practice

著者 聖嚴法師
出版 法鼓文化

總審訂 釋果毅
總監 釋果賢
總編輯 陳重光
編輯 詹忠謀、李書儀
封面設計 化外設計
內頁美編 胡琡珮
地址 臺北市北投區公館路 186 號 5 樓
電話 (02)2893-4646
傳真 (02)2896-0731
網址 http://www.ddc.com.tw
E-mail market@ddc.com.tw
讀者服務專線 (02)2896-1600
初版一刷 1999 年 1 月
三版一刷 2025 年 3 月
建議售價 新臺幣 180 元
郵撥帳號 50013371
戶名 財團法人法鼓山文教基金會 — 法鼓文化
北美經銷處 紐約東初禪寺
Chan Meditation Center (New York, USA)
Tel: (718) 592-6593 E-mail: chancenter@gmail.com

法鼓文化